Michaela Runge, Michael Voss

Umweltinformatik als Teildisziplin der angewandten

GRIN - Verlag für akademische Texte

Der GRIN Verlag mit Sitz in München hat sich seit der Gründung im Jahr 1998 auf die Veröffentlichung akademischer Texte spezialisiert.

Die Verlagswebseite www.grin.com ist für Studenten, Hochschullehrer und andere Akademiker die ideale Plattform, ihre Fachtexte, Studienarbeiten, Abschlussarbeiten oder Dissertationen einem breiten Publikum zu präsentieren.

Michaela Runge, Michael Voss

Umweltinformatik als Teildisziplin der angewandten Informatik

GRIN Verlag

Bibliografische Information der Deutschen Nationalbibliothek: Die Deutsche Bibliothek
verzeichnet diese Publikation in der Deutschen Nationalbibliografie; detaillierte bibliografische Daten sind im Internet über http://dnb.d-nb.de/ abrufbar.

1. Auflage 2004
Copyright © 2004 GRIN Verlag
http://www.grin.com/
Druck und Bindung: Books on Demand GmbH, Norderstedt Germany
ISBN 978-3-638-64885-1

Umweltinformatik

Notwendigkeit, Entwicklungsstand, Tendenzen

Integration der Umweltinformatik in Unternehmen,

ein Wettbewerbsvorteil?

von

Michaela Runge

Michael Voß

FH Brandenburg, WI, SoSe 2004

Vorlesung: Gesellschaft und Kultur

Inhaltsverzeichnis

Literaturverzeichnis

Michaela Runge: 1. | 4. | 5.

Michael Voß: 2. | 3. | 4. | 5.

1 Umweltinformatik

Seit mehr als zwei Jahrzehnten sind in Deutschland Fachpublikationen zu umweltbezogenen Informatik-Anwendungen in beachtlichem Umfang herausgegeben worden.

Aus diesen stätig wachsenden Forschungsaktivitäten ist längst eine neue Teildisziplin der angewandten Informatik hervorgegangen – die Umweltinformatik.

Im Folgenden soll geklärt werden, was man unter der Umweltinformatik versteht, wie sie sich entwickelte und mit welchen Aufgaben sie sich beschäftigt.

1.1. Definition

Der Begriff „Umwelt- Informatik" wird erstmals 1986 durch J. Seggelke und Bernd Page verwendet. Inzwischen hat sich ein daraus eigenes Fachgebiet der Umweltinformatik entwickelt.

Im Allgemeinen versteht man unter der Umweltinformatik umweltbezogene Informatik-Anwendungen mit deren Hilfe ein Beitrag zur Bewältigung der Umwelt- und Ressourcenproblematik geleistet werden soll.

Dies wird in erster Linie dadurch erreicht, indem man Methoden und Verfahren der Informatik für Institutionen der Umweltforschung, für Umweltbehörden und auch für umweltorientierte Unternehmen bereitstellt.

1.2. Entwicklung der Umweltinformatik

Seit Mitte der 80er Jahre gibt es Bemühungen auf dem Gebiet „Angewandte Informatik im Umweltschutz"[1]. Zunächst ging es jedoch nur um unspezifische Anwendungen der Informatik im Umweltbereich, deren Zweck es war Umweltdaten für die öffentliche Hand und wissenschaftliche Zwecke zu sammeln, zu speichern, auszuwerten und in geeigneter Form darzustellen.

---

[1] Vgl. Dade / Schulz, 1999

Die Zustandserfassung von Atmosphären, Boden, Flora und Fauna usw. wären ohne diese Werkzeuge der Informatik nicht durchführbar gewesen.

Das Problem war allerdings, dass Mengen von Daten gesammelt wurden ohne zu wissen, was man später damit anfangen wollte.

Erst ein paar Jahre später, Ende der 80er Jahre, gab es dann fortgeschrittene Informatikanwendungen zu Demonstrationszwecken in denen diese Daten verwendet wurden. Allerdings ohne den Anspruch praktischer Relevanz zu berücksichtigen oder gar zu erfüllen.

In den Jahren 1990/1991 kam es vereinzelt zur Anwendung innovativer Informatikansätze auf konkret gestellt Probleme. Ab diesem Zeitpunkt, wo man Anwendungen direkt in der Praxis einsetzte, wurde verstärkt untersucht, welche methodischen Defizite die Informatik in Bezug auf die Anforderungen des Umweltbereichs aufwies. Infolgedessen wurden die Methoden und Werkzeuge der Informatik in diesem interdisziplinären Kontext bis Ende der 90er stark weiterentwickelt.

Blickt man auf die Entwicklung der Umweltinformatik der letzten Zeit zurück, dann zeigt sich der Erfolg dieser immer noch recht jungen Disziplin der Angewandten Informatik. Besonders die Umsetzung von Forschungsergebnissen in produktiv eingesetzten Informationssystemen schreitet mit ungewöhnlich hohem Tempo voran.

1.3.   Umweltinformatik als Teilgebiet der angewandeten Informatik

Die Umwelt wird durch die verschiedensten Arten von Daten beschrieben. Es gibt z.b. biologische, physikalische, chemische, geologische Daten. Außerdem enthalten diese Daten unterschiedliche Zustände der Umwelt in Raum und Zeit. Somit stellt die Verarbeitung aller dieser Umweltinformationen und ihre Wirkungsmechanismen die Basis für umweltbezogene Planung und Maßnahmen dar. Bereiche wie Umweltschutz, Umweltplanung und Umweltforschung brauchen deshalb eine zuverlässige, grundlegende Informationsbasis.

Allerdings gibt es Informationsdefizite bei Problemlösungen im Umweltsektor, die nur durch weitgehende, technische Unterstützung bewältigt werden können.

Um diese Basis zu sichern hat die Informatik eine Integrationsfunktion und dient nicht nur als technisches Hilfsgebiet.

5

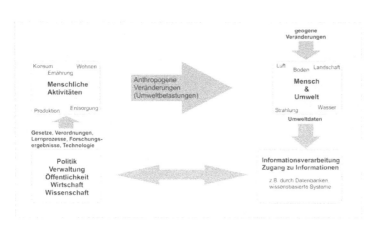

Abb. 1 Informationsverarbeitung im Umweltbereich (nach W. Pillmann 1990)

Für die vielfältige Informationsverarbeitung ist der PC zwar schon lange unverzichtbar, aber es fehlt noch eine wissenschaftlich- methodische Basis. Besonders der Bereich der Systemanalyse und sein system- theoretischer Hintergrund sollten stärker genutzt werden.

1.4. Informationsverarbeitende Systeme

Ökologische Fragestellungen haben in Politik, Wirtschaft und Gesellschaft eine hohe Bedeutung erlangt. Umweltgerechte Produktion, Logistik, Recycling und Entsorgung werden in Zukunft noch stärker in den Mittelpunkt des Interesses gelangen. Auch Unternehmen erkennen, dass die Orientierung an ökologischen Erfordernissen nicht nur kostspielige Konsequenzen mit sich bringt, sondern auch zu Wettbewerbsvorteilen führen kann.

Ein wichtiger Baustein dazu ist die Unterstützung durch Umweltinformationssysteme, welche im Folgenden kurz vorgestellt werden sollen.

1.4.1 Umweltmonitoring

„Unter Umweltmonitoring versteht man die kontinuierliche, automatisierte Beobachtung des Zustands der Umwelt."[2]

Eine besondere Chance von Umweltmonitoring liegt heute darin, dass man mit Hilfe von modernen Sensorikmethoden notwendige Informationen flächendeckend erhalten kann. Ein großer Vorteil dieser Art der Beschaffung besteht vor allem darin, dass die Informationen weltweit in einem einheitlichen Maßstab, in einem regelmäßigen Rhythmus und nach vergleichbaren Standards gewonnen werden können.

Insbesondere der Punkt der Regelmäßigkeit und der Vergleichbarkeit lässt auf ein großes Potential schließen.

Die genannten Informationen können über Satelliten, aber auch über Sensoren gewonnen werden. Sensoren sind dabei meistens kostengünstiger und können z.b. an Schiffen und Flugzeugen angebracht werden.

Durch diese Regelmäßigkeit und auch die Möglichkeiten der flächendeckenden Informationssammlung könnte man z.b. die Vergrößerung von Weltstädten oder den Zurückgang des Regenwaldes zeitraffermäßig darstellen.

Leitgedanke dieser Forschung ist es also, schneller und verlässlicher zu umfassenden Informationen über den Zustand der Umwelt zu gelangen.

Es besteht ein erhebliches Leistungsvermögen darin, Informationen verfügbar zumachen und somit mehr Transparenz zu schaffen, welche dann genutzt werden kann um beispielsweise politische Entscheidungen zu beeinflussen.

Zusammenfassend kann man sagen, eine wichtige Voraussetzung für die Bewahrung der natürlichen Ressourcen der Erde, ist ein regelmäßig, flächendeckendes Umweltmonitoring.

---

[2] Vgl. Dade / Schulz, 1999

Moderne Techniken der Umweltinformatik können einen wichtigen Beitrag dazu leisten. Neueste Sensortechnik, verbunden mit einem geeigneten Informationsmanagementsystem, ist auf lange Sicht gesehen, der einzig sinnvolle Weg zu einem wirkungsvollen Umweltmonitoring.

Leistungsfähige Modelle, Methoden und Systeme für das Umweltmonitoring sind befinden sich weltweit schon im praktischen Einsatz. In vielen Staaten der europäischen Gemeinschaft werden Umweltinformationssysteme (*vgl. 1.3.2.*) aufgebaut und betrieben.

Ein Problem ist allerdings immer wieder die Finanzierung dieser Projekte. Gerade in der Dritten Welt hat das Umweltmonitoring hohe Potentiale zur Verbesserung des Umweltschutzes. Und deswegen müssen die dort wachsenden Finanzierungsprobleme mit Hilfe der Industrieländer und den zuständigen internationalen Organisationen gelöst werden.

Schließlich ist es ein weltweites Ziel auf der Basis von Umweltinformationen zu gesellschaftlich konsensfähigen Modellen über die drohende globale Veränderung zu kommen.

1.4.2   Umweltinformationssysteme

Moderne Informationstechnologie kann wesentlich dazu beitragen Arbeiten mit großen Datenmengen schneller, sicherer und kosteneffizienter durchzuführen. Dabei müssen speziell die besonderen Eigenschaften, der zu speichernden Daten und die Art der Anfragen berücksichtigt werden.

Im öffentlichen Bereich wird dieser Bedarf zunehmend durch die Erstellung großer Umweltinformationssysteme (UIS) gedeckt.

Ziel dieser Systeme ist es, Umweltbehörden auf Bundes- und Landesebene sowie im kommunalen Bereich in ihrer Arbeit zu unterstützen. Auch die Öffentlichkeit könnte dadurch schneller und zuverlässiger über aktuelle Umweltentwicklungen informiert werden.

Im Bereich der Privatwirtschaft sind in letzter Zeit ähnliche Bestrebungen erkennbar. Hier spielt die Handhabung von Umweltinformation z.B. eine zentrale Rolle bei der Erstellung von so genannten Ökobilanzen.

UIS auf Bundesebene

Seit den 80er Jahren werden in den deutschen Bundesländern und beim Bund
Umweltinformationssysteme aufgebaut und eingesetzt.

Hinsichtlich der Aufgaben und Zielsetzungen bestehen nur wenige Unterschiede zwischen
den verschiedenen UIS.

Unterschiede gibt es in den verschiedenen Projekten bezüglich der unterschiedlichen
Flächengrößen und Flächennutzungsformen und durch die verschiedenen
Organisationsformen der Umweltverwaltung.

Mit dem Aufbau von UIS wird in erster Linie das Ziel verfolgt, die informationstechnische
Unterstützung anfallender Aufgaben der Umweltverwaltungen mit einem vertretbarem
Aufwand und einer hohen Ergebnisqualität zu gewährleisten.

Dabei soll ein effizientes Informationsmanagement unterstützt werden, was neben den
klassischen Datenverarbeitungsaufgaben insbesondere das Management von verteilten
Datenbeständen in offenen Systemen umfasst.

Eine weitere Zielsetzung ist die informationstechnische Unterstützung von planerischen
Aufgaben im Umweltbereich.

Außerdem wird von den UIS ein effizienter Beitrag zu der Beobachtung, der Analyse, der
Bewertung und der Prognose von Umweltzuständen erwartet.

Eine wesentliche Anforderung an die meisten UIS ist die fachlich- inhaltliche und
organisatorische Integration und Koordination des Informationsflusses und der Arbeitsabläufe
in den jeweiligen Umweltverwaltungen.

Zusammenfassend ist zu sagen, dass insbesondere durch die Nutzung von UIS mehr
Transparenz in dem hochkomplexen Umweltbereich erreicht wird.

Außerdem kommt es zu einer höheren Effizienz durch eine Unterstützung von
Verwaltungsaufgaben und eine insgesamt verbesserte Daten- und Informationsgrundlage für
die anfallenden Entscheidungsprozesse in den Umweltverwaltungen.

LUIS – Landesumweltinformationssystem

Brandenburg

„Das Landesumweltinformationssystem Brandenburg (LUIS) des Ministeriums für Umwelt, Naturschutz und Raumordnung…"[3] ist eine Integrationsplattform für Umweltinformationen. Es macht Informationen von verteilten Standorten im Land selektiv für die Nutzer des Systems verfügbar.

Die Verwaltung der Dienste erfolgt bei LUIS in einer objektorientierten Architektur. Der Nutzer erhält Informationen aus erster Hand von Fachleuten oder entsprechenden Behörden.

Die Definition von abrufbaren Datenobjekten und Diensten erfolgt durch den Anbieter (z.B. eine Behörde oder ein Forschungsinstitut), der dazu keinerlei Informatikkenntnisse benötigt.

Das System erlaubt den Transport von Präsentations- Formularen oder auch die Zusammenfassung mit aktuell ausgewählten Daten durch einen definierten Dienst.

Zu den bisherigen Nutzern des LUIS gehören Angestellte der Umweltverwaltung des Landes. Es gibt allerdings eine Integration ins WWW, die dann auch durch externe Anwender genutzt werden kann. Wobei dieser Teil nicht den gesamten Datenkatalog, sondern nur ausgewählte Daten enthält.

Welche Informationen wie und für wen bereitgestellt werden, bestimmt in diesem System der Anbieter. Ein Direktzugriff in die Datenbestände (z.B. über SQL- Browser) ist nicht möglich.

Die Aufgaben der Anbieter sind es also, die Datenbestände objektorientiert abzubilden. Dann werden aus den Daten und Präsentationen Dienste erstellt, die beschrieben und zu denen Parameter festgelegt werden müssen.

Als Nutzer kann man dann nach diesen Diensten recherchieren und die eigenen Recherchen verknüpfen. Außerdem kann man bereitgestellte Präsentationen nutzen und recherchierte Ergebnisse mit eigenen Werkzeugen weiterverarbeiten.

---

[3] Vgl. Lessing / Lipeck, 1996, S. 139 ff.

Am folgenden Beispiel wird die Vielfältigkeit der Möglichkeiten deutlich:

Die Datenbasis eines Dienstes erlaubt als raumbezogenen Parameter lediglich die Kategorie „Gemeinde". Zusätzlich dazu soll in diesem Dienst die Bounding Box, das kleinste umschließende Rechteck, dazu benutzt werden, den passenden Ausschnitt in einer digitalen Karte auszuwählen.

Die notwendige Transformation des Raumbezuges und die Ermittlung des Ausschnittes erledigen dann die Komponenten des LUIS.

Im Januar 1996 wurde bereits ein Pilotprojekt gestartet. Nach dieser Testphase, wurde eine breite Einführung im Geschäftsbereich des Ministeriums für Umwelt, Naturschutz und Raumordnung vorgenommen.

Das Pilotprojekt wurde auf der Server- Seite mit C++ realisiert, es wurde eine ORACLE-Datenbank benutzt und die Windows-basierten Programme wurden in Visual Basic implementiert.

Für die weitere Entwicklung und den Ausbau von LUIS war eine Realisierung unter der Verwendung von WWW-Seiten mit integrierten Java-Applets geplant, welche man bereits im Internet unter http://www.luis-bb.de betrachten kann.

1.4.3 Umweltdatenbanken

Wie schon häufiger erwähnt, stellen Umweltdaten, durch ihre meist komplexe und unterschiedliche Struktur, ganz besondere Anforderungen an die Datenbanktechnologie.

Unter Umweltdatenbanken versteht man nun Datenbanksysteme, die diese Daten in geeigneter Form speichern können. An dieses Datenbanksystem werden vor allem Anforderungen gestellt wie persistente Datenhaltung, Mehrbenutzerbetrieb, Datensicherung und andere sonst auch typische Ansprüche.

Des Weiteren werden diese Datenbanken immer mit dem Ziel angelegt, entweder über umweltbezogene Fragen Auskünfte zu geben oder umweltbezogene Anwendungen wie Simulationsprogramme im Umweltbereich mit Daten zu versorgen.

Diese umweltbezogenen Anwendungen müssen nicht zwangsläufig dem Umweltschutz dienen.

Betreiber von Umweltdatenbanken sind z.b. Behörden, Firmen, die damit kontrollieren, ob sie umweltbezogene Auflagen erfüllen oder auch Umweltschutzfirmen. Insbesondere aber Forschungsinstitute betreiben Umweltdatenbanken für ihre Forschungsergebnisse.

Als eine bestehende Möglichkeit gibt es z.b. die tiergeographische Datenbank ZOODAT[4] oder das Altlastenkataster Berlin.

In ZOODAT ist eine umfassende Sammlung von Beobachtungen der Tierwelt Österreichs gespeichert.

Das Altlastenkataster Berlin verwaltet alle Informationen über Altlastenverdachtsflächen, die in den verschiedenen Fachämtern der Stadt Berlin erfasst werden.

Der Einsatz von Datenbanksystemen (DBS) für die Speicherung von Umweltdaten und – informationen bringt für die Anwender heute schon sehr viele Vorteile.

Die Möglichkeiten zur Datensicherung, die in DBS schon integriert sind, ersparen den Anwendern viel lästige Routinearbeit.

Für eines der dringendsten Probleme der Umweltdatenbanken, die Modellierung und Verarbeitung geometrischer Daten und von Daten mit Raum- und Zeitbezug, gibt es auch schon Lösungsansätze.

Im Allgemeinen lassen die Entwicklungen auf dem Gebiet der DBS im kommerziellen wie auch im Forschungsbereich für die Zukunft viele Verbesserungen erwarten.

Je mehr Umweltdatenbanken heute aufgebaut werden, desto mehr wird die Notwendigkeit der Forschung auf diesem Gebiet gesehen und desto größer wird der Markt, den die DBS-Hersteller sehen.

---

[4] Vgl. Dade / Schulz, 1999

Arbeitskreis „Umweltdatenbanken"

Der Arbeitskreis „Umweltdatenbanken" wurde 1988 gegründet „...und befasst sich mit den Methoden und Techniken..."[5] für die Entwicklung von Datenbanken in behördlichen, betrieblichen und wissenschaftlichen UIS.

Zu den Zielen des Arbeitskreises gehören insbesondere die Entwicklung und Erprobung innovativer Konzepte sowie der Erfahrungsaustausch zwischen Beteiligten der Wissenschaft, Wirtschaft und Verwaltung.

Aufgrund der rasanten Entwicklung der neuen Kommunikationstechnologien hat sich der Schwerpunkt auf den Einsatz von DBS in verteilten Umgebungen verlagert. Ein weiterer Schwerpunkt der letzten Jahre sind die Metadaten.

Der Arbeitskreis „Umweltdatenbanken" trifft sich jedes Jahr zu diversen Workshops und Diskussionen über die neuesten Entwicklungen.

Metadaten und XML

„Der zukünftige Einsatz von XML im Internet ist zum jetzigen Zeitpunkt von Seiten der Anbieter von Umweltinformationen noch nicht klar umrissen. Es ist deshalb notwendig die potentiellen Innovationsmöglichkeiten durch XML aufzuzeigen."[6]

Es muss dabei geklärt werden, welche Vor- und Nachteile die Verwendung von XML bietet. XML kann als weltweites Datenmodell angesehen werden und so als globales Austauschformat dienen. Auf jeden Fall können die strukturellen Probleme bei Umweltdaten durch XML gelöst werden.

Die Bedeutung von Datenbanken im Internet wird weiter zunehmen. Die Aufgabe von dateibasierten Web-Inhalten und Datenbanken im Web lassen sich durch XML besser aufteilen und effektiver kombinieren. Außerdem kann das Web mit Hilfe von XML deklarativ durchsuchbar gemacht werden.

---

[5] Vgl. http://www.enviroinfo.isep.at/UI%20200/FreitagU260700.ath.pdf
[6] Vgl. http://www.enviroinfo.isep.at/UI%20200/FreitagU260700.ath.pdf

13

Neben XML gibt es speziell für die Darstellung von Geo- und Umweltdaten auch noch andere Formate, welche sich aber auf Dauer wahrscheinlich nicht durchsetzen werden.

2 Umwelt und Unternehmen

Unternehmerische Tätigkeiten und Produkte verursachen Umweltauswirkungen, die zu Umweltproblemen führen können. Steigende Umweltbelastungen werden von Interessengruppen wahrgenommen und führen zunehmend zu ökologischen Forderungen an Unternehmen und Produkte[7].

Sowohl seitens der Nachfrager, als auch seitens der Gesetzgeber wird auf Unternehmen zunehmend Druck ausgeübt, ökologische Daten im betrieblichen Entscheidungsprozess zu berücksichtigen[8].

2.1. Gesetze und Verordnungen zum Umweltschutz

An dieser Stelle möchte ich einige Beispiele für Gesetze und Verordnungen zum Umweltschutz nennen, um zu zeigen, worauf Unternehmen in Deutschland u. a. zu achten haben[9]:

- Gesetz über die Umweltverträglichkeitsprüfung (UVPG)

- Gesetz über Umweltstatistiken (UStatG)

- Umwelthaftungsgesetz (UmweltHG)

- Gesetz zum Schutz vor schädlichen Umwelteinwirkungen durch Luftverunreinigungen, Geräusche, Erschütterungen und ähnliche Vorgänge (BImSchG)

---

[7] Vgl. Hilty / Schulthess / Ruddy, 2000, S. 59
[8] Vgl. Ranze / Tuma / Hilty / Haasis / Herzog, 1996, S. 153
[9] Vgl. http://www.bmu.de/de/1024/js/sachthemen/gesetzestexte/alphabetische_liste/

- Gesetz über Abgaben für das Einleiten von Abwasser in Gewässer (AbwAG)

- Bundesbodenschutzgesetz (BBodSchG)

- Verordnung über die Vermeidung und Verwertung von Verpackungsabfällen (VerpackV)

Während sich ein Unternehmen in der Vergangenheit noch weitestgehend über sein wirtschaftliches Ergebnis legitimieren konnte, so wird seine Tätigkeit heute auch an weiteren Faktoren wie beispielsweise seinem Engagement im Umweltschutz gemessen[10].

2.2. Umweltinformation und Unternehmenskommunikation

In der Vergangenheit war die Unternehmenskommunikation und Berichterstattung nur in geringem Maße ausdifferenziert und stellte die Geschäftsberichterstattung in den Mittelpunkt.

Inzwischen treten eine Vielzahl von Anspruchsgruppen mit stark ausdifferenziertem Informationsbedarf an Unternehmen heran. Diese Anspruchsgruppen können z. B. Mitarbeiter und Kunden, Behörden oder Versicherungen sein.

Informationen müssen von den Unternehmen nun in zunehmendem Maße zielgruppenspezifisch und für unterschiedlichste Medien aufbereitet und kommuniziert werden. Dies gilt insbesondere auch für die Aufbereitung von Umweltinformationen.

Die Anspruchgruppen erwarten von einem Unternehmen eine aktive und seriöse Kommunikation seiner ökonomischen, ökologischen und sozialen Zielstellungen sowie Daten und Fakten[11].

---

[10] Vgl. Hilty / Schulthess / Ruddy, 2000, S.75
[11] Vgl. Hilty / Schulthess / Ruddy, 2000, S. 78

2.3. Umweltmanagement

Umweltschutz hat sich in den vergangenen zwei Jahrzehnten zu einem eigenständigen Unternehmensziel entwickelt. Heute stellt das betriebliche Umweltmanagement eine neue unternehmerische Führungsaufgabe dar[12].

Umweltmanagement ist das systematische Erfassen, Bewerten und Optimieren der Umweltauswirkungen von Tätigkeiten, Produkten und Dienstleistungen einer Organisation.

Mit der europäischen EMAS[13] EG-Verordnung und der Normenfamilie ISO 14.000 existieren Vorgaben, um Elemente des betrieblichen Umweltmanagements effizient, transparent, überprüfbar und damit kommunizierbar zu gestalten[14].

Definition aus der EG-Verordnung von 1993:

Um die Umweltpolitik auszuarbeiten und umzusetzen, müssen in den Unternehmen Managementstrukturen gebildet werden. Dabei sind Vorgaben über die zuständige Managementebene, die Beschreibung von Zuständigkeiten, die Benennung eines Managementvertreters, die Information der Mitarbeiter sowie die Ermittlung von Ausbildungsbedarf und Durchführung von Ausbildungsmaßnahmen zu machen.

Darüber hinaus sind vom Umweltmanagement die Umweltauswirkungen zu bewerten, geeignete Korrekturmaßnahmen aufzustellen und das Umweltmanagementsystem zu dokumentieren.

Auch in der internationalen Normenreihe ISO 14.000 geht es um den Aufbau von Umweltmanagementsystemen und die Durchführung von Ökoaudits. Sie ist seit September 1996 in Kraft. Ihre Schwerpunkte liegen in der kontinuierlichen Verbesserung des Umweltmanagementsystems, der Einhaltung aller umweltbezogenen Rechtsvorschriften und der genormten Durchführung von Ökoaudits.

---

[12] Vgl. http://www.umweltdatenbank.de/lexikon/umweltmanagement.htm
[13] Eco-Management and Audit Scheme
[14] Vgl. http://www.umweltbundesamt.de/uba-info-daten/daten/baum/php/glossar.php

16

Wichtige führungsunterstützende Werkzeuge des Umweltmanagements sind:

- das Umweltkostenmanagement,

  im Mittelpunkt steht dabei nicht nur eine transparente Darstellung der Aufwendungen für den Umweltschutz mit Hilfe einer Umweltkostenrechnung, sondern insbesondere auch das systematische Ausschöpfen umweltschutzrelevanter Kostensenkungspotentiale[15].

- das Ökoaudit,

  dient der systematischen, dokumentierten und regelmäßigen Bewertung der Leistung, des Managements und der Abläufe eines Unternehmens zum Schutz der Umwelt. Wird sowohl in der EMAS EU-Verordnung als auch In der ISO 14.000 Reihe beschrieben[16].

- das Umweltcontrolling (siehe 2.3.1 Umweltcontrolling)

- Ökobilanz (siehe 2.3.2 Ökobilanz)

- Umweltkennzahlen,

  hiermit werden umweltbezogene Zustände und Leistungen des Unternehmens mess- und nachvollziehbar. Durch Soll-Ist-Vergleiche ermöglichen sie ein effizientes Umweltcontrolling und können darüber hinaus als Instrument zur Dokumentation des kontinuierlichen ökologischen Verbesserungsprozesses eingesetzt werden[17].

2.3.1 Umweltcontrolling

In Analogie zum Verhältnis zwischen klassischem Management und klassischem Controlling ist auch Umweltcontrolling als Servicefunktion des Umweltmanagements zu verstehen, welches die Unternehmensführung bei der Planung, Steuerung und Kontrolle aller

[15] Vgl. http://www.legamedia.net/lx/result/match/3ae80781ac97ff7a96ff8a2170bc0d29/index.php
[16] Vgl. http://www.umberto.de/glossar/index.htm
[17] Vgl. http://www.umweltdatenbank.de/lexikon/umweltkennzahlen.htm

umweltwirksamen Aktivitäten des Unternehmens unterstützt. Auch ist es für das ökologische Informationsmanagement sowie für die Koordination dieser Funktionen zuständig[18].

Aufgaben[19]:

Möglichst viele für den betrieblichen Umweltschutz relevante Informationen bereitstellen,

sie ökologisch und ökonomisch zu bewerten und

sie entscheidungsorientiert aufzubereiten

2.3.2   Ökobilanz

Die Ökobilanz wird in laut ISO14.040 von 1997 wie folgt definiert:

Die Ökobilanz-Studie untersucht die Umweltaspekte und potentiellen Umweltwirkungen im Verlaufe des Lebensweges eines Produktes (d. h. „von der Wiege bis zur Bahre") von der Rohstoffgewinnung, über Produktion, Anwendung bis zur Beseitigung. Die allgemeinen Kategorien der zu berücksichtigenden Umweltwirkungen umfassen die Nutzung von Ressourcen, menschliche Gesundheit und ökologische Wirkungen.

Das Besondere einer Ökobilanz ist, dass sie Wissen neu zusammenfasst, dadurch neue Erkenntnisse und Bewertungen ermöglicht und als Ergebnis stets das Ganze im Auge hat. Deshalb ist hier auch von ganzheitlicher Bilanzierung die Rede. Zwei Aspekte sind dabei von Bedeutung:

Da über den gesamten Produktlebensweg bilanziert wird, sind sektorale Verlagerungen oder Fehloptimierungen leicht erkennbar.

So lässt sich z. B. die Frage untersuchen, ob der geringere Benzinverbrauch durch die Verwendung leichterer Werkstoffe in der Pkw-Karosserie möglicherweise nicht durch höhere Energieaufwendungen bei der Herstellung der Werkstoffe oder Bereitstellung der Rohstoffe aufgewogen wird.

---

[18] Vgl. Lessing / Lipeck, 1996, S. 110
[19] Vgl. Hilty / Page / Schwabl / Jaeschke, 1994, S. 145

18

In einer Ökobilanz werden nicht nur einzelne Aspekte, etwa der Energieverbrauch oder die Emission an Schwefeldioxid, analysiert, sondern Indikatoren für sehr unterschiedliche Umwelteinwirkungen in den verschiedenen Umweltmedien berücksichtigt. Dazu gehören Ressourcenverbrauch, Emissionen in die Luft oder in das Wasser, Abfälle oder Flächenbeanspruchungen. Damit können mediale Verlagerungen von Umweltproblemen, z. B. höhere Kohlendioxidemissionen bei weniger Abfallaufkommen, erkannt werden[20].

3 Integration der Umweltinformatik in Unternehmen

Die betriebliche Umweltinformatik hat es sich zur Aufgabe gemacht, Umweltinformationssysteme (BUIS – Betriebliche UIS) zu entwickeln, mit deren Hilfe die vielfältigen und komplexen Anforderungen des Umweltmanagements bewältigt werden können[21].

3.1. BUIS

Das wichtigste Instrument des Umweltcontrollings ist ein leistungsfähiges betriebliches Umweltinformationssystem (BUIS), das einen schnellen und aktuellen Zugriff auf alle umweltrelevanten Daten und Informationen im Unternehmen erlaubt[22].

Die Definition von Jürgens (2001) entspricht dem heutigen Begriffsverständnis von BUIS am ehesten:

Unter BUIS werden Softwaresysteme verstanden, die für die Erfassung, Dokumentation, Planung und Steuerung von Umweltwirkungen aus betrieblichen Tätigkeiten genutzt werden und somit das betriebliche Umweltmanagement in seinen Aufgaben unterstützen.

Ein Auslöser für BUIS war u. a. die bereits erwähnte ständig wachsende Zahl gesetzlicher Vorschriften und Verordnungen. Hieraus ergaben sich auch steigende Anforderungen an das Berichtswesen und die Revisionsfähigkeit. Außerdem ist es notwendig, für Entscheidungen

---

[20] Vgl. http://www.umberto.de/wissen/stoffstromnetze/oekobilanzen/index.htm
[21] Vgl. http://asi-www.informatik.uni-hamburg.de/themen/ui/index_d.html
[22] Vgl. Lessing / Lipeck, 1996, S. 110

zur Realisierung eines integrierten Umweltschutzes, Informationen abteilungsübergreifend und konsistent zur Verfügung zu haben.

Informationsbedarf besteht hierbei insbesondere nach:

- Daten über betriebliche Stoffströme

- Daten über deren Zusammensetzung und Eigenschaften,

- Daten über Anlagen und Maschinen bzgl. Deren Energieverbrauch, Wirkungsgrad und Emissions-/ Abfallanfall,

- Daten über einsetzbare Alternativstoffe bzw. –teile, –anlagen,

- Daten über Umweltbelastungen und -wirkungen eingesetzter Stoffe.

Zwar ist in Unternehmen oftmals festzustellen, dass durchaus eine brauchbare Ausgangsdatenbasis (etwa Sicherheitsdatenblätter, Entsorgungsnachweise, Emissionserklärungen, etc.) bereits vorhanden ist, diese sich jedoch zerstückelt in verschiedenen Abteilungen wieder findet[23].

Die Palette der verwendeten Softwaresysteme reicht von einfachen Tabellenkalkulationen bis hin zu komplexen Anwendungen zur Anlagenverwaltung oder zum Stoffstrommanagement. Die Verknüpfung mit anderen betrieblichen Informationssystemen ist dabei nicht selten, da in diesen oft bereits ein Großteil aller umweltrelevanten Informationen vorliegt[24].

3.2.   Umberto – als Beispiel eines BUIS [25]

Die Software Umberto ist ein Produkt des Instituts für Energie- und Umweltforschung in Heidelberg und des Hamburger Instituts für Umweltinformatik.

---

23 Vgl. Hilty / Page / Schwabl / Jaeschke, 1994, S. 42
24 Vgl. http://www.oekoradar.de/de/software/unterseite7/
25 Vgl. http://www.umberto.de

20

Es bietet leistungsfähige und bedienungsfreundliche Funktionen zur Berechnung und Visualisierung von Stoffströmen und Kosten. Dabei wird der Aufwand für die Beschaffung von Prozessdaten durch die mitgelieferte Modulbibliothek deutlich reduziert. Diese Bibliothek kann vom Nutzer auch durch eigene Datensätze erweitert werden. Dabei kann jeder in einem Stoffstromnetz definierte Prozess als neues Modul gespeichert werden und steht damit für weitere Modellierungen zur Verfügung. Hierdurch reduziert sich der Aufwand für weitere Untersuchungen beträchtlich.

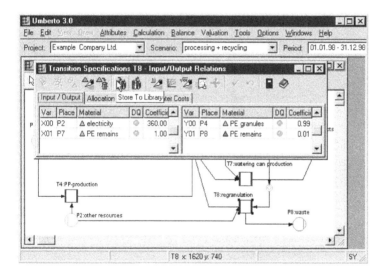

Abb. 2 Um einen Prozess als Modul in der Umberto-Prozessbibliothek zu speichern, wird der Button "Store To Library" aktiviert.

Referenzkunden sind u. a. die Siemens AG, Berlin, die Volkswagen AG, Wolfsburg und der Otto-Versand, Hamburg, welcher mit Umberto seine Transport- und Logistikprozesse optimiert.

Im Folgenden sollen 3 Anwendungsbeispiele für Umberto gezeigt werden:

21

Prozessoptimierung

Prozessketten, Recyclingschleifen, komplexe vernetzte Produktionsstrukturen sind – für Umberto kein Problem. Wie wirken sich Optimierungen an einem einzelnen Prozess auf das Gesamtsystem aus? Mit Umberto lässt sich die Antwort modellieren.

Detaillierungsgrad und Komplexität eines Stoffstrommodells können nach und nach erweitert werden. Hierarchische Stoffstromnetze (basierend auf der Methodik von Petri-Netzen) bewahren auch bei hoher Komplexität die Übersichtlichkeit.

So lassen sich die Abläufe im Unternehmen entsprechend der unterschiedlichen Verantwortlichkeiten und Zuständigkeiten und dem erforderlichen Detaillierungsgrad abbilden.

Ein einzelner Prozess kann wiederum als Netz aus vielen Einzelprozessen aufgefasst werden - auf der nächsten Netzebene in einem zusätzlich geöffneten Netzeditor.

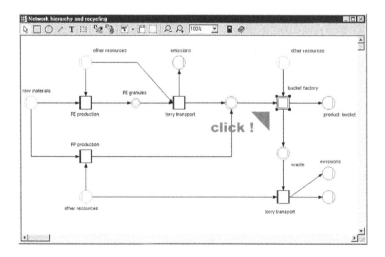

Abb. 3 Hierarchisches Stoffstromnetz im Netzeditor

22

Umweltcontrolling

Der jährliche Umweltbericht steht an und als Controller rennt man wieder hinter jeder Zahl her. Ob es um Emissionen, Energieverbrauche oder Materialeinsatz geht, die Daten zusammenzutragen ist immer wieder aufwendig. Mit Umberto kann das Zusammenführen und Aktualisieren der Informationen weitgehend automatisiert werden.

Die große Flexibilität von Umberto nicht nur bei der Modellierung, sondern gerade auch bei der Darstellung der Ergebnisse, erlaubt es Ihnen, den betrieblichen Akteuren genau die Informationen zugänglich zu machen, die sie für die jeweiligen Aufgaben benötigen. So benötigt jemand einige wenige aber dafür hochaggregierte Umweltkennzahlen, während einem Anderen detaillierte Prozessinformationen zur Verfügung stehen müssen.

Produktökobilanzen (LCA)

Mit Umberto können produktbezogene Ökobilanzen - das so genannte Life Cycle Assessment (LCA) – durchgeführt werden. Bilanzieren lassen sich die Umweltauswirkungen eines Produktes über den gesamten Lebensweg von der Rohstoffgewinnung über die Produktion und Nutzung bis hin zur Entsorgung.

Erleichtert wird die Erstellung einer Produktökobilanz durch die in Umberto mitgelieferte Modulbibliothek, die auch vom Nutzer durch eigene Datensätze erweiterbar ist.

3.3. Der Nutzen von BUIS

Der ökonomische Nutzen eines BUIS entsteht durch dessen Anwendung im täglichen Ablauf, vor allem durch die Umsetzung von Daten in Handlungen sowie durch die Minderung des Aufwandes zur Gewinnung der benötigten Daten.

Ein BUIS ermöglicht eine Rationalisierung, Systematisierung und teilweise Automatisierung von betrieblichen Abläufen. Dadurch werden Arbeiten effizienter gestaltet, die Verfügbarkeit der Daten erhöht, die Geschwindigkeit der Leistungserbringung gesteigert und die Leistung effektiver erbracht. Diese Verbesserung der betrieblichen Abläufe hilft die Kosten des Umweltcontrollings zu reduzieren.

23

Mit Hilfe der Systematik und den vom BUIS gelieferten Umweltdaten in der Form von Hinwiesen, Kennzahlen, Abbildungen etc. kann das Umweltmanagement generell effizienter und effektiver gestaltet werden.

Die Möglichkeit Umwelt- und Unternehmensinformationen zielgruppenspezifisch zu kommunizieren kann z.b. für ein umweltorientiertes Marketing sehr nützlich sein.

Aufgrund des Outputs eines BUIS können konkrete Aktionen umgesetzt werden, die wiederum zur Verbesserung der Umweltleistung des Unternehmens beitragen[26].

4 Tendenzen in der Umweltinformatik

Eine Tendenz in der Umweltinformatik besteht darin, dass Daten aus Umweltinformationssystemen und betrieblichen Umweltinformationssystemen vermehrt auch über das Internet verfügbar sein werden.

Die betrieblichen Umweltinformationssysteme werden noch mehr in Richtung Integrationsfähigkeit in bestehende betriebliche Informationssysteme wie ERP- oder PPS-Systeme entwickelt, da diese Systeme bereits eine Menge an Daten dem BUIS zur Verfügung stellen können und somit der Aufwand einer doppelten Datenbeschaffung eingespart wird.

Da einzelne betriebliche Umweltinformationssysteme momentan nur jeweils einen bestimmten Bereich des Umweltmanagements bzw. Umweltcontrollings mit ihren Funktionen unterstützen können, wird es zumindest bis zu dem Zeitpunkt, an dem es umfassende BUIS geben wird, Ziel sein, die Kombination mehrerer BUIS mit unterschiedlichen Funktionen zu ermöglichen.

Um den Anforderungen eines nachhaltigen Stoffstrommanagements noch besser nachkommen zu können, ist es notwendig, auch die zwischen- und überbetrieblichen Stoffströme zu optimieren.

---

26 Vgl. Hilty / Schulthess / Ruddy, 2000, S. 16

24

Zum Beispiel können leichte Änderungen im Produktionsprozess eines Betriebes aus dem ehemaligen Abfall einen wertvollen Rohstoff für einen anderen Betrieb machen.

Solche Optimierungspotenziale lassen sich allerdings nur erkennen, wenn möglichst viele Stoffströme innerhalb einer Region bekannt sind. Hierbei entsteht eine Fülle an Daten und Komplexität, die es mit „überbetrieblichen" Umweltinformationssystemen zu beherrschen gilt.

5   Fazit

Unser Fazit mag im Moment noch etwas übertrieben klingen, aber mittel- und langfristig gesehen ist davon auszugehen, dass Umweltinformatik in Unternehmen nicht mehr als Wettbewerbsvorteil zu sehen ist, sondern vor allem für Unternehmen in der Industrie, mehr und mehr eine Voraussetzung wird, damit diese nicht den Anschluss verlieren.

Denn Unternehmen, die ihr Engagement im Umweltschutz nicht kommunizieren und nachweisen können, werden vom Kunden auch nicht mehr akzeptiert. Außerdem werden Unternehmen auf die Einsparungspotentiale angewiesen sein, die ihnen das Umweltmanagements, unterstützt von betrieblichen Umweltinformationssystemen, bringt.

25

Literaturverzeichnis

Jürgens, G.; Lang, C.; Beucker, S.; Loew, T.
Anforderungen an Betriebliche Umweltinformationssysteme (BUIS)
zur Unterstützung von Instrumenten des Umweltcontrollings, Zwischenbericht des
Forschungsberichts INTUS
Stuttgart, 2001

Hilty, Prof. Dr. Lorenz M.; Schukthess, Daniel; Ruddy, Thomas F.
Strategische und betriebsübergreifende Anwendungen betrieblicher
Umweltinformationssysteme
Marburg, 2000
Metropolis-Verlag für Ökonomie, Gesellschaft und Politik GmbH

Ranze, Dipl.Inf. C.; Tuma, Dr. A.; Hilty, Prof. Dr. Lorenz M.;
Haasis, Prof. Dr. H.-D.; Herzog, Prof. Dr. O.
Intelligente Methoden zur Verarbeitung von Umweltinformationen
Marburg, 1996
Metropolis-Verlag GmbH

Lessing, Dr. Helmut; Lipeck, Prof. Dr. Udo W.
Informatik für den Umweltschutz
Marburg, 1996
Metropolis-Verlag GmbH

Hilty, Prof. Dr. Lorenz M.; Page, Prof. Dr. Bernd;
Schwabl, Dipl.-Inform. A.; Jaeschke, Dr. A.
Informatik für den Umweltschutz
Marburg, 1994
Metropolis-Verlag für Ökonomie, Gesellschaft und Politik GmbH

Dade, Christian; Schulz, Bernhard
Management von Umweltinformationen in vernetzen Umgebungen
Nürnberg, 1999
Metropolis-Verlag GmbH

Page, Prof. Dr. Bernd; Hilty, Prof. Dr. Lorenz M.
Handbuch der Informatik
Umweltinformatik: Informatikmethoden für Umweltschutz und Umweltforschung
München, 1994
Oldenbourg Verlag GmbH

26

Freitag, Ulrike; Hosenfeld, Friedhelm
Umweltdatenbanken im Spiegel der neuen Medien
Stand der Konzepte und Entwicklung in Web und WAP
http://www.enviroinfo.isep.at/UI%20200/FreitagU260700.ath.pdf

LUIS – Landesumweltinformationssystem Brandenburg
http://www.luis-bb.de/

Bundesministerium für Umwelt, Naturschutz und Reaktorsicherheit
Gesetze / Verordnungen - Alphabetische Liste
http://www.bmu.de/de/1024/js/sachthemen/gesetzestexte/
alphabetische_liste/

Umweltbundesamt
Prozessorientierte Basisdaten für Umweltmanagement-Instrumente ProBas – Glossar
http://www.umweltbundesamt.de/uba-info-daten/
daten/baum/php/glossar.php

Universität Hamburg - Fachbereich Informatik
Angewandte und Soziale Informatik: Umweltinformatik
http://asi-www.informatik.uni-hamburg.de/themen/ui/index_d.html

Das Umwelt-Lexikon
http://www.umweltdatenbank.de/lexikon/umweltmanagement.htm
http://www.umweltdatenbank.de/lexikon/umweltkennzahlen.htm

LEXicon – Lexikon für Unternehmensfragen
http://www.legamedia.net/lx/result/
match/3ae80781ac97ff7a96ff8a2170bc0d29/index.php

Was sind BUIS?
http://www.oekoradar.de/de/software/unterseite7/

Umberto - die Software für das Umweltmanagement
http://www.umberto.de

Umberto – Glossar
http://www.umberto.de/glossar/index.htm

Schmidt, Mario
Ökobilanzen für den betrieblichen Umweltschutz
Heidelberg
http://www.umberto.de/wissen/stoffstromnetze/oekobilanzen/index.htm